essentials

essentials liefern aktuelles Wissen in konzentrierter Form. Die Essenz dessen, worauf es als „State-of-the-Art" in der gegenwärtigen Fachdiskussion oder in der Praxis ankommt. *essentials* informieren schnell, unkompliziert und verständlich

- als Einführung in ein aktuelles Thema aus Ihrem Fachgebiet
- als Einstieg in ein für Sie noch unbekanntes Themenfeld
- als Einblick, um zum Thema mitreden zu können

Die Bücher in elektronischer und gedruckter Form bringen das Expertenwissen von Springer-Fachautoren kompakt zur Darstellung. Sie sind besonders für die Nutzung als eBook auf Tablet-PCs, eBook-Readern und Smartphones geeignet. *essentials:* Wissensbausteine aus den Wirtschafts-, Sozial- und Geisteswissenschaften, aus Technik und Naturwissenschaften sowie aus Medizin, Psychologie und Gesundheitsberufen. Von renommierten Autoren aller Springer-Verlagsmarken.

Weitere Bände in der Reihe http://www.springer.com/series/13088

Louis Klein

Business Excellence

Die Vielfalt erfolgreich managen

Louis Klein
European School of Governance
Berlin, Deutschland

ISSN 2197-6708   ISSN 2197-6716   (electronic)
essentials
ISBN 978-3-658-19878-7   ISBN 978-3-658-19879-4   (eBook)
https://doi.org/10.1007/978-3-658-19879-4

Die Deutsche Nationalbibliothek verzeichnet diese Publikation in der Deutschen Nationalbibliografie; detaillierte bibliografische Daten sind im Internet über http://dnb.d-nb.de abrufbar.

Springer Gabler
© Springer Fachmedien Wiesbaden GmbH 2018

Gedruckt auf säurefreiem und chlorfrei gebleichtem Papier

Springer Gabler ist Teil von Springer Nature
Die eingetragene Gesellschaft ist Springer Fachmedien Wiesbaden GmbH
Die Anschrift der Gesellschaft ist: Abraham-Lincoln-Str. 46, 65189 Wiesbaden, Germany

Was Sie in diesem *essential* finden können

- Die unterschiedlichen bekannten Bauelemente einer Business Excellence werden kritisch gewürdigt und integriert.
- Es wird eine systemisch-kybernetische Perspektive eingeführt, auf deren Grundlage nicht nur Excellence realisiert werden kann, sondern auch die limitierenden blinden Flecken sichtbar werden.
- Ein ganzheitliches Verständnis wird gewonnen, das im Bemühen um Excellence dem Mehr-von-demselben ein gewogenes Sowohl-als-auch entgegensetzt.
- Es wird der Faktor Mensch so reintegriert, dass Good Governance gelingen kann.
- Die Balanceanforderungen der Excellence, zwischen Rahmen und Aktion, zwischen Innovation und Verbesserung, zwischen Tatsächlichkeit und Möglichkeit werden managerial handhabbar.

Vorwort

Business Excellence ist einer dieser allgegenwärtigen Begriffe der Managementpraxis, der selten alleine steht, sondern regelmäßig mit Querverweisen auf die
unterschiedlichsten Kategorien von Excellence daherkommt, zum Beispiel Operational Excellence, Project Excellence, Governance Excellence, Organisational
Excellence, Change Excellence, um nur die prominentesten zu nennen. Häufig
geht der Verweis auf Excellence praktisch mit klaren Erwartungsartikulationen
einher. Excellence ist Gebot der Stunde, unausweichlich, fordernd, erfolgsent-
scheidend.

Integration tut Not! Eine willkommene Gelegenheit dazu bot sich anlässlich
der Jahrestagung der Gesellschaft für Wirtschafts- und Sozialkybernetik im Oktober 2015 an der WHU – Otto Beisheim School of Management in Vallendar. So
nutzt der vorliegende Aufsatz eine systemisch-kybernetische Perspektive, um aus
der Praxis heraus die einzelnen Excellence-Facetten integrativ zusammenzufüh-
ren. Eine kürzere Version des Textes findet sich im Tagungsband „Kybernetik
und Transformation", der 2017 bei Duncker & Humblot erschien. Ein besonderer
Dank geht an dieser Stelle insbesondere an Prof. Dr. Sven Rehm, der die koordi-
nierte Publikation ermöglichte.

Business Excellence lebt von der Praxis und ist letztlich nur als Praxeologie
konzipierbar. Viele Aspekte, die hier Eingang fanden, nährten die zahlreichen
Change Management- und Organisationsentwicklungsprojekte der Systemic
Excellence Group. Die SEgroup versteht sich seit 2001 als Independent Think
Tank for Leading Practice. Inzwischen als Genossenschaft firmierend fokussiert
sie in Beratung und Aktionsforschung auf eben jene Excellence-Themen. Dank
gilt an dieser Stelle all jenen Wegbegleitern, die in diesen Projekten mit von der
Partie waren und diese Projekte erst ermöglichten. Stellvertretend sei namentlich
gedankt: Birgit Andrag, Verner Baird, Brigitte Bauder, Dagmar Blume, Roland

R. Dold, Andreas Glitsch, Alexander Kiehne, Beate Klemm, Michael Kurzeja, Michael Mertin, Jörg Netza, Hanns-Jürgen Nick, Tikajit Rai, Steve Raue, Markus Rettich, Monika Reuschling, Michael Roos, Beate Rudolf, Harald Rudolph, Tammy Sanders, Christa Schardt, Ralf Speth, Elke Umbach, George Zeng und Martin Zimmermann.

Inhaltsverzeichnis

Erst Praxis, dann Theorie 1

Business Excellence ist integriert oder schon im Ansatz zum Scheitern verurteilt. Business Excellence ist ein viel gehörtes Schlagwort. Business Excellence will jeder. Wie aber kann Business Excellence gelingen? Gute Ansätze gibt es zuhauf. Eine überzeugende ganzheitliche Perspektive, ein integrierendes Gesamtbild ist jedoch noch zu liefern. Damit, wie eine erfolgreiche Integration von Business Excellence gelingen kann, befasst sich der vorliegende Text. Antworten, Erfolg versprechende wie erfolgreiche, kommen aus der Praxis. Ausgangspunkt der Überlegungen bildet eine praxeologische Reflexion der Change Management- und Organisationsentwicklungsarbeit im Sinne des Action Research und Systems Research (Klein 2016b; Edson und Klein 2016). Für das Thema Business Excellence wurden insbesondere die Erfahrungen aus der Begleitung von Change-Management-Prozessen im Energiegroßanlagenbau zur Referenz neuer Ideen und Entwicklungen ausgewertet.

Integration braucht Reflexion. Und Reflexion braucht eine leistungsfähige Theorie. Die Dynamik der Welt ist multikausal und interdependent. Damit konfrontiert kommt man um systemisch-kybernetische Ansätze nicht herum. Sie liefern Beobachtungsinstrumente, Modelle und Methoden, mittels derer sich Lern- und Entwicklungspfade beschreiben lassen, die im Total-Quality-Management (TQM) ihren Anfang nehmen und von der Operational Excellence der Produktion zur Project Excellence führen. Es wird weiter zu zeigen sein, dass für erfolgreiche Organisational Excellence in Produktion und Projekten ein ebenso exzellentes Widerlager in den managerialen Governance-Prozessen erforderlich ist. Unter Berücksichtigung der Zeit und des unumgänglichen Wandels wird dann aus dem Wechselspiel von Organisational Excellence und Change Excellence etwas Integriertes, das den Namen Business Excellence verdient, doch nur zum Preis neuer blinder Flecken, wie zum Beispiel im Bereich Sales.

© Springer Fachmedien Wiesbaden GmbH 2018
L. Klein, *Business Excellence,* essentials,
https://doi.org/10.1007/978-3-658-19879-4_1

Die Idee der Business Excellence

2.1 Business Excellence?

Im Norden Südafrikas, dort wo sich das Highveld in Richtung Botswana neigt, gibt es reiche Kohlevorkommen. Hier stehen einige der größten Kohlekraftwerke der Welt. Hier versucht die aufstrebende südafrikanische Nation einen Großteil ihres Energiehungers zu stillen. Im global-lokalen Zusammenspiel nationaler und internationaler Konsortien wird unter großer politischer Aufmerksamkeit Energiegroßanlagenbau betrieben. Was hier zu besichtigen ist, ist nicht weniger als der globale State of the Art des Anlagenbaus. Die Parameter sind ambitioniert, ihre Umsetzung ist eine Herausforderung.

In diesen Kontexten artikuliert sich sehr schnell und dringlich der Wunsch nach Business Excellence und erfährt sogleich eine große Ernüchterung. Die Idee, die Erfolge des Total-Quality-Managements aus der Produktion hier auf der Skala sogenannter Megaprojekte zu wiederholen, scheint ins Leere zu laufen. Das, was man auf den Baustellen vorfindet, ist alles, nur nichts, was an Excellence erinnert. Das, was man unter der Überschrift Construction Excellence zu realisieren versucht, scheint nichts gemein zu haben mit den Erfolgsgeschichten der Automobilindustrie. Der Wissenstransfer scheint ebenso zu scheitern wie der Versuch, eine an Six Sigma oder Lean Management orientierte Praxis zu etablieren. Es stellt sich die Frage nach den Bedingungen der Möglichkeit der Excellence auf der Baustelle, im Projekt, im Geschäft. So entsteht aus dem Wunsch nach Business Excellence die Notwendigkeit und die mitunter unangenehme Aufgabe, die eigene Praxis und Weltsicht auf den Prüfstand zu stellen.

Business Excellence adressiert Execution. Business Excellence zielt auf die Umsetzung, die Realisierung und Verwirklichung von Geschäftsmodellen. Excellence orientiert sich dabei vornehmlich an der Erfolgsperspektive des Total-Quality-Managements und blendet um von Ergebnis auf Prozesse (Forbes und Ahmed 2010;

© Springer Fachmedien Wiesbaden GmbH 2018
L. Klein, *Business Excellence*, essentials,
https://doi.org/10.1007/978-3-658-19879-4_2

Langmaier 2010; Malorny 1998; Oakland 2014; Zink 1998). Es ist diese tief in den Managementdiskursen verankerte Erfahrung, dass exzellente Prozesse die Vorbedingung für exzellente Ergebnisse sind. An genau diesem Punkt aber stellt sich erneut die Frage, inwiefern die Erfolgsgeschichte des Total-Quality-Managements erfolgreich auf Geschäftsbereiche außerhalb der industriellen Produktion und Massenfertigung angewendet werden kann. Was bedeutet Excellence für Projekte, für das Management und das gesamte Geschäft?

Die Theorie der Business Excellence ist ambitioniert (Dalal 2011; Duggan 2011; Gorecki und Pautsch 2014; Langmaier 2010; Malorny 1998; Oackland 2014; Pyzdek und Keller 2013; Rehbehn und Yurdakul 2005; Thill 2006; Zink 1998). Ihre Praxis bleibt weit hinter diesen Ambitionen zurück. Die Theorie scheitert in der Praxis und das, was in der Praxis funktioniert, entzieht sich der Theorie. So zumindest erscheint es in den Managementdiskursen. Die Welt funktioniert nicht so wie sie soll, und Schuldige sind schnell gefunden. Der Faktor Mensch steht ganz oben auf der Liste. Das kennt man. Neu und zunehmend prominent ist ein anderer Schuldiger. Es ist die Welt selbst, die im Konzept der VUCA World als volatil, unsicher, komplex und mehrdeutig erkannt wird (Hicks Stiehm 2010; Bennett und Lemoine 2014). Der Faktor Menschen muss trainiert werden und die Komplexität der Welt gilt es wissenschaftlich zu durchdringen, um sie zu reduzieren. So verkürzt klingt es auf jeden Fall, wenn man dem Mainstream der Managementdiskurse lauscht. Dass diese Schnellschüsse im Kern nichts anderes versuchen, als der Herausforderung mit mehr desselben zu begegnen, wird spätestens auf den zweiten Blick deutlich.

Das International Centre for Complex Project Management (ICCPM) in Canberra wurde von der Defense Materiel Organisation der australischen Armee ins Leben gerufen, um der Problematik des Scheiterns der großen Beschaffungsprojekte des Militärs ein neues Denken entgegenzusetzen. Wenn Komplexität das Problem ist, so der Ausgangspunkt der Überlegungen, wie könnten dann anschlussfähige Lösungen aussehen und wo wäre danach zu suchen? Die Versuche, in der Chaostheorie und in der Komplexitätstheorie fündig zu werden, scheiterten. Beide Theoriestränge haben ihre Stärken in der Beschreibung der Problemlagen, bieten aber wenig praktisch Verwertbares zur Bewältigung der Herausforderung. Erst eine Beschäftigung mit systemtheoretischen und kybernetischen Ansätzen versprach die Möglichkeit im Orientierungsprozess des ICCPM, vom Problem auf Lösung umblenden zu können. Mit dem Blick auf die zeitgenössischen Managementdiskurse war auch sehr schnell klar, dass hiermit nicht weniger als ein Paradigmenwechsel im Management adressiert sei (Jackson 2000, 2002). Besorgt um die eigene Anschlussfähigkeit wurde dann der Weg ins Training gewählt und ein MBA-Programm für komplexes Projektmanagement ersonnen.

Business Excellence ist also nur zum Preis eines Paradigmenwechsels zu haben. Und dies gilt nicht nur für die Managementtheorie und -praxis, sondern konsequenterweise ebenfalls für die Managementforschung und die Art und Weise, wie Managementwissen entsteht. In diesem Kontext scheint es ratsam, eine sehr alte Forschungsperspektive zu aktualisieren (Hodgson 1870), der es aber erst in den letzten zwanzig Jahren gelang, als attraktive Alternative in der Managementforschung wahrgenommen zu werden. Es geht um Praxeologie.

2.2 Praxeologie

Praxeologie ist die Theorie der Praxis (Bourdieu 1972; Bredillet 2010; Hodgson 1870; Klein et al. 2015; Ryan et al. 2002; Schatzki et al. 2001). Praxeologie bezieht sich weniger auf ontologische Kategorien, sondern ist in ihrem Kern explizit epistemologisch. Es geht darum zu ergründen, wie eine Praxis als solche Erkenntnisse über sich selbst gewinnt. Das klingt erst einmal zirkulär und suggeriert, dass nicht weniger als ein systemisch-kybernetisches Instrumentarium überhaupt in der Lage sein könnte nachzuvollziehen, worum es hierbei tatsächlich geht (Klein 2002, 2013a). Praxeologie schaut darauf, wie die Beteiligten einer Praxis eben jene Praxis beobachten und beschreiben und wie sich darin ein Referenzrahmen für eben jene Praxis herauskristallisiert, der für alles Weitere limitierend und stabilisierend funktioniert. In der Managementforschung ließe sich auf dieser Grundlage ein Einblick gewinnen, welche Selbstbeschreibungen vom Management für das Management handlungsleitenden Charakter gewinnen und damit beschreiben, was im Weiteren möglich und unmöglich wird (Klein 2009). Aus einer forscherischen Perspektive ließe sich das als Diskurspraxisanalyse beschreiben. Dabei läge dann im Gegensatz zu einer Diskursanalyse der Fokus darauf, was als Management Praxis tatsächlich in beobachtbaren, realen Managementkontexten thematisiert, debattiert und letztlich beschlossen wird. Es geht also weniger um eine Managementtheorie als vielmehr um die Rezeption von Theorie und um praktische Deutungsgenese. Augenzwinkernd könnte man in Anlehnung an Pierre Bayard (2007) fragen, wie sprechen Manager über Bücher, die sie nicht gelesen haben, um zu erklären, was sie tun.

Ein solch praxeologischer Ansatz folgt den Spuren jenes Wissens, das sozialwissenschaftlich als Meaning Creation und Sensemaking beschrieben wird (Berger und Luckmann 1967; Boje 2007; Klein 2013b; Weick 1995). Beobachtungsgegenstand ist dann vornehmlich, wie die Forschungstradition des Critical Narrative Inquiry vorschlägt (Boje 2001; Jorgensen und Largacha-Martinez 2014), die Vielzahl der Geschichten, die Menschen erzählen und auf die sie sich beziehen, um sich in der Welt zu orientieren. Die Kohärenz der Geschichten ist dabei von untergeordneter Bedeutung. Was zählt, ist vielmehr der Nutzen, den diese Geschichten in den jeweiligen Alltagssituationen stiften. Es geht also um situative Daseinsbewältigung und weniger um kohärente Weltbilder. Daran knüpft die Referenzrahmentheorie (Neitzel und Welzer 2011; Klein 2013b) an, die, in der Tradition der Meadschen Rollentheorie (Mead 1934), beschreibt, wie in unterschiedlichen Situationen und in unterschiedlichen Rollen die jeweiligen Akteure unterschiedliche Referenzrahmen adressieren, um die jeweilige Situation zu bewältigen. In der einen Situation bin ich Manager, in der nächsten bin ich Vater und in der übernächsten Weinliebhaber. Und auch wenn Rollen spezifische Referenzrahmen stimmiger erscheinen lassen als andere, stehen dem Akteur in den jeweiligen Situationen komplette Universen der Weltdeutung zur Verfügung. Selbst für eine vermeintlich klare Rolle wie der des Managers ist nicht zwingend vorgegeben, welche Idee von Management in den jeweiligen Kontexten zu aktualisieren wäre. Es wird dem Individuum vielmehr eine Heterogenität des Referenzrahmenmanagements zugemutet. Das heißt, selbst in der Engführung einer Rolle, in diesem Fall als Manager, ist situativ auszuhandeln, welcher manageriale Referenzrahmen in der jeweils spezifischen Situation derjenige sein soll, auf den sich die Akteure verständigen. Dabei ist im Weiteren das Nichtverstehen der Akteure, stochastisch betrachtet, der wahrscheinliche Fall (Luhmann 1984).

Change-Projekte sind praxeologische Versuchslabore. Selten wird das Nachdenken des Managements über sich selbst, über eigene Orientierung und Möglichkeiten so virulent wie in Situationen expliziten unternehmerischen Wandels. Im Nachdenken darüber, was sein könnte, oder besser im Gespräch darüber, was sein könnte, wird nicht nur eine Zukunft kontingent gestellt, sondern auch die Gegenwart hinterfragt. Eine Begleitung solcher Veränderungsprozesse kann daher grundsätzlich als eine Situation des Action Research verstanden werden. Die forscherische Besonderheit liegt dann vornehmlich darin, dass Beobachtungen in einer Situation möglich sind, in der die Zukunft noch offen ist. Das heißt, anders als bei einer Case Study läuft der Forscher nicht strukturell Gefahr, auf der Grundlage des Wissens um den Ausgang der Geschichte, alles Vorherige auf das tatsächlich eingetretene Ergebnis hin zu rationalisieren. Im Action Research ist der Lauf der Welt noch ergebnisoffen. Die andere Besonderheit dieser Forschung liegt darin, dass die jeweilige beraterische Intervention aus einer forscherischen Perspektive als Experiment betrachtet werden kann, das die jeweilige Situation analysierend qualifiziert.

Praxis interessiert sich in der ersten Linie für Praxis. In diesem Sinne schließt die Praxis nicht an Theorie an, sondern verhandelt ihre Weltsicht in ihrem eigenen Modus. Eine praxeologische Herangehensweise ermöglicht, beraterisch wie forscherisch eine Brücke zu schlagen und das Primat der Praxis, jenseits managerialer Folklore, auch wissenschaftlich ernst zu nehmen und zu verstehen.

Business Excellence ist eine praxeologische Selbstbeschreibung einer auf den Grundlagen ihrer vergangenen Erfolge selbstbewussten und ambitionierten Managementpraxis. Auf einem zur Erörterung der Business Excellence relevanten Entwicklungs- und Erkenntnispfad führte der Weg von der Automobilindustrie über Schienenverkehrssysteme und den Anlagenbau in den erneuerbaren Energien hin zum Großanlagenbau.

Die Praxis wählt sich ihre Referenz selbst. In diesem Sinne sind Qualitätsmanagementansätze oder Excellence-Modelle praxeologisch nur insofern bedeutsam, als ihnen die Praxis selbst Bedeutsamkeit zumisst. Im Folgenden bedeutet dies jedoch, dass zum Beispiel die Qualitätsmanagementansätze TQM, Lean Management und Six Sigma in erster Linie Praxis determinierend legitimieren und nur beiläufig die Welt erklären. Auch Excellence-Modelle wie das EFQM-Modell, Baldrige oder das IPMA Project Excellence Model werden weniger aus einer technischen Perspektive heraus rezipiert als vielmehr aus einer kulturellen und insbesondere einer politischen Perspektive. Praktisch geht es bei der Behauptung von Wahrheit immer um Macht und Deutungshoheit (Han 2005).

2.3   Integrative Perspektiven

Wenn Komplexität das Problem ist, liefern systemisch-kybernetische Perspektiven die Lösung. Insofern ist Integration nur zum Preis des Perspektivenwechsels zu haben. Bernhard Scotts Principles of Observation Abb. 2.1 definieren dabei so etwas wie den Grundschritt systemisch-kybernetischer Epistemologie (2009). Scotts These ist es, dass es zu jeder beliebigen Beobachtung, erstens, jeweils einen größeren Rahmen gibt, dass es, zweitens, jeweils eine weitere Detailebene gibt und dass es, drittens, jeweils alternative Perspektiven gibt. Theoretisch ließe sich an dieser Stelle noch einmal differenzieren zwischen Beobachtung erster und zweiter Ordnung (Foerster 1982, 2002). Dabei verweisen Beobachtungen erster Ordnung auf eine materialistisch-ontologische Betrachtungsweise während Beobachtungen zweiter Ordnung eine konstruktivistisch-epistemologische Qualität beigemessen werden könnte. Ein systemisch-kybernetischer Bezugsrahmen erlaubt es sehr gut, zwischen den beiden Ebenen zu wechseln und in Orientierung an Scotts Principles mal das eine, mal das andere einzublenden.

Nur was ich messen kann, kann ich verbessern, sagte William Edwards Deming (Deming 1984, 2012; Lepore und Cohen 1999; Pyzdek und Keller 2013) und fundamentierte damit eine der Grundannahmen des Total-Quality-Managements. An dieser Stelle könnte man von einem beobachtungstheoretischen Schulterschluss

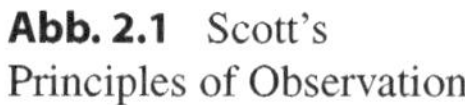
Abb. 2.1 Scott's
Principles of Observation

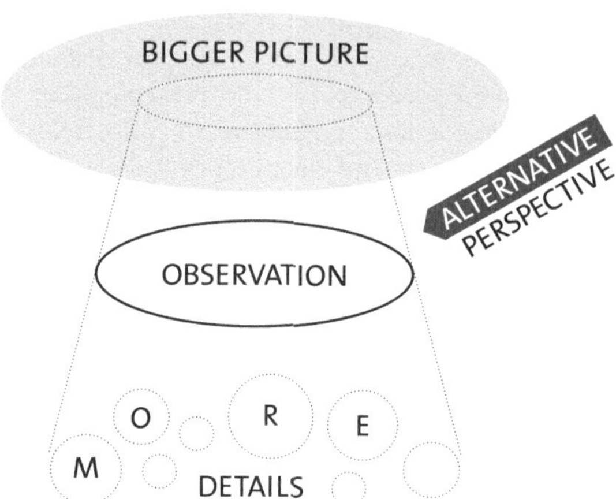

zwischen Deming und einer systemisch-kybernetischen Perspektive sprechen. Systemisch und kybernetisch zu beobachten erlaubt es, mehr zu sehen und vor allem nicht nur ontologisch zu beobachten, sondern ebenso die Epistemologie sozialer Systeme in den Blick zu bekommen. In der Beobachtung der Regulation der Organisation durch manageriale Intervention kann dabei dann nicht nur von dem Was auf das Wie umgeblendet werden, sondern es kommen zusätzlich die Bedingungen der Möglichkeit einer Praxis in den Blick und damit nicht nur der Kontext selbst, sondern zudem dessen Kontingenz und Veränderbarkeit.

Operations Research ermöglichte die materielle Integration komplexer Produktionssysteme. Systems Research ermöglicht die konstruktivistisch-epistemologische Integration sozialer Systeme. Ohne in die Tiefen der Theorie einzusteigen, seien im Folgenden nur einige der praxeologisch relevanten Modelle und Theoriefiguren angeleuchtet.

Technologie ist nachrangig. Folgt man Noel Tichys Argumentation im TPC-Modell (Tichy 1983), der mit Technologie (T), Politik (P) und Kultur (C) drei maßgebliche Perspektiven organisationaler Selbstthematisierung formuliert Abb. 2.2, so erfährt man, dass sich in der Beobachtung von Organisationen nur ein Drittel der relevanten Vorkommnisse einem technologischen Kontext zuordnen lässt. Die anderen beiden Drittel, das Kulturelle und das Politische, fokussieren das, was sich als soziale Komplexität beschreiben ließe. Gerade im Hinblick auf manageriale Fragestellungen ist damit noch einmal der Hinweis gegeben, dass die fortgesetzte Verstärkung einer technischen Perspektive einen weiten Raum relevanter Vorkommnisse unbeobachtet lässt. Mehr von demselben hilft nicht, sondern umgekehrt und gerade im Hinblick auf beraterische Interventionen

Abb. 2.2 Tichy's TPC
Model

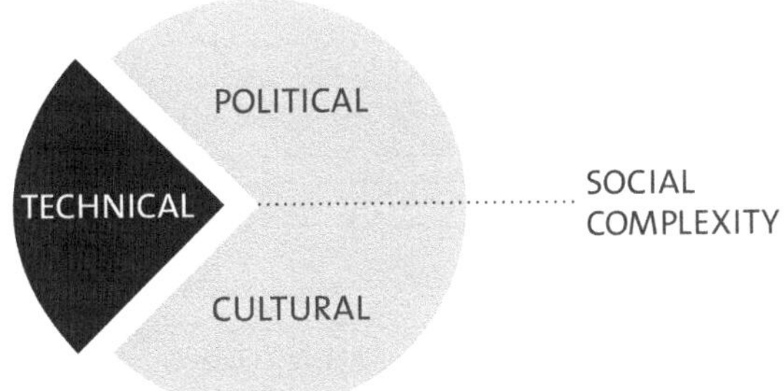

und die Begleitung von Veränderungs- und Organisationsentwicklungsprojekten zeigt sich, dass mit dem Einblenden einer kulturellen und einer politischen Perspektive ein unverhältnismäßig großer Erkenntnisgewinn bei den Akteuren zu realisieren ist, der es ermöglicht, die vorhandenen Handlungsspielräume und Entscheidungsoptionen sehr viel klarer zu identifizieren und zu nutzen.

Sinn ist die Einheit der Differenz aus Aktualität und Possibilität, so beschreibt es Niklas Luhmann in seiner Theorie sozialer Systeme (1984). Das, was hier theoretisch zumutungsreich klingt, ist praktisch von nicht zu überschätzender Relevanz. Die Prozesse des Sensemaking und der Meaning Creation orientieren sich demzufolge nicht nur an dem, was empirisch beobachtbar scheint, sondern zumindest im gleichen Maße an dem, was latent als möglich in Betracht gezogen wird (Berger und Luckmann 1967; Boje 2007; Klein 2013b; Weick 1995). Erst in der Integration beider Perspektiven, in der Beobachtung der Aktualität und der Beobachtung der Möglichkeiten, eröffnet sich für die Akteure ein relevanter Handlungsrahmen.

Soziale Systeme beobachten sich in der Form von Handlungssystemen (Luhmann 1984) und sie beschreiben sich in der Form von Geschichten (Boje 2001, 2007). Soziale Systeme sind daher, in der Tradition des Critical Narrative Inquiry, entlang ihrer Narrative beobachtbar (Boje 2001; Jorgensen und Largacha-Martinez 2014). Die eigentliche Beobachtung ist dabei zwar eine empirische, aber entlang Luhmanns Verständnis von Sinn und in Hinwendung an Lewins Feldtheorie (Lewin 1951) sowie der Theorie der Reflexionsrahmen (Neitzel und Welzer 2011; Klein 2013b) erlaubt dies die Beobachtung relevanter Möglichkeitsräume. Somit ist nur das, was als Möglichkeit kommunikativ in einer Organisation prozessiert wird, auch das, was tatsächlich möglich ist. Darin wird abschließend verständlich, was die Praxis meint, wenn sie sich als Praxis von Theorie abgrenzt. Es gilt das gesprochene Wort.

Management-Kybernetik ist nicht Business Excellence. In der Anwendung systemisch-kybernetischer Perspektiven auf das Management von Organisationen

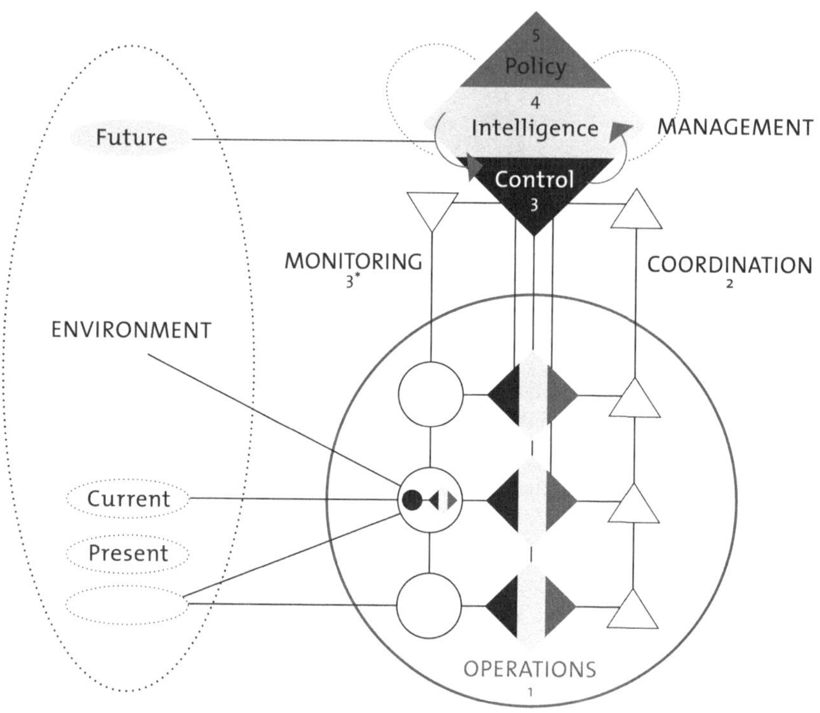

Abb. 2.3 Beer's Viable System Model

kommt dem Viable System Model (VSM) von Stafford Beer (1979, 1982, 1985) sicherlich eine Bedeutung zu, die nicht überschätzt werden kann. Abb. 2.3 Kybernetisch und regulationstheoretisch ist das VSM sicherlich der umfangreichste, kohärenteste Ansatz, der in diesem Feld vorgelegt wurde. Was ihm fehlt, ist die praxeologische Qualität. Das VSM wurde den neuronalen Strukturen lebender Organismen angelehnt und isofunktional auf Managementpraxis bezogen (Espejo und Harnden 1989). Darin findet die eigentümliche Bedeutungsgenese sozialer Systeme nur unzureichend Berücksichtigung. Diese Schwierigkeit illustriert sich dann ebenfalls in der Rezeptionsgeschichte des VSM als Blaupause für Wirtschaftsorganisationen. Die Praxis versteht, was die Praxis versteht. Und so, wie kommunikationstheoretisch immer wieder betont wird, ist weniger relevant was gemeint war, als vielmehr das, was verstanden wurde (Luhmann 1984; Watzlawick 1976).

3.1 Operational Excellence

Total-Quality-Management ist eine Erfolgsgeschichte (Duggan 2011; Mitchell 2015; Oakland 2014; Pyzdek und Keller 2013). William Edwards Deming gilt dabei zu Recht als eine der zentralen Figuren, die die Ideen des Operations Research in die Praxis industrieller Massenproduktion überführten. Die großen Losgrößen und die hohen Repetitionsfrequenzen, zum Beispiel in der Automobilindustrie, ermöglichen die Anwendung statistischer Verfahren, um Produktionsprozesse technisch weiter und weiter zu entwickeln und im Sinne kontinuierlicher Verbesserungsanstrengungen nicht nur die Produktqualität, sondern auch die Durchlaufzeiten weiter und weiter zu optimieren. Letztlich praxeologisch, entwickelte sich das in westlichen Industriestaaten nach dem Zweiten Weltkrieg entstandene Total-Quality-Management quasi selbstorganisiert aus der Praxis heraus weiter und verdichtete sich in Produktions- und Qualitätsmanagementansätzen wie Six Sigma und Lean Manufacturing (Dalal 2011; Forbes und Ahmed 2010; Gorecki und Pautsch 2014; Oakland 2014; Pyzdek und Keller 2013; Rehbehn und Yurdakul 2005). Man könnte den Prozess als einen Verbesserungsprozess aus der Praxis für die Praxis verschlagworten. Im Zentrum steht dabei eine Qualitätsphilosophie, die von Inspektion auf Prävention umblendet. Damit einher geht eine Fokusverschiebung, weg von der eigentlichen Produktqualität hin zur Analyse und Optimierung der Produktionsprozesse. In diesem Sinne liefern TQM, Six Sigma und Lean Reifegradmodelle und Prozessrahmenwerke, die auf die Optimierung repetitiver Routinen fokussieren und selbst für Störfallmomente noch standardisierte Handlungs- und Analyseanweisungen vorhalten. Die technische Komplexitätsreduktion des Total-Quality-Managements begründet den flächendeckenden Erfolg im Rahmen kommerzieller Qualifizierungs-, Auditierungs- und Zertifizierungsangebote.

© Springer Fachmedien Wiesbaden GmbH 2018
L. Klein, *Business Excellence*, essentials,
https://doi.org/10.1007/978-3-658-19879-4_3

Operational Excellence findet im TQM seine praxeologische Form. TQM wird darin zum präferierten pragmatischen Referenzrahmen nicht nur für industrielle Produktion, sondern für all jenes, was sich im Rahmen betrieblicher Tätigkeiten unter dem Begriff der Operations einsortieren lässt. Dabei widerfährt dem TQM genau jenes, was Thomas Kuhn (1962/1970) für die Entwicklung erfolgreicher Paradigmen beschreibt. Ein erfolgreiches Paradigma, ein erfolgreicher Referenzrahmen, wird ausgeweitet und weitergetragen und in den unterschiedlichsten Kontexten zur Anwendung gebracht. Über die Zeit könnte man dabei von sich marginalisierenden Grenznutzen sprechen. Es wird auch dort noch versucht das Paradigma unverändert zur Anwendung zu bringen, wo die Vorbedingungen und Kontexte dazu nicht hinreichend oder gar nicht mehr vorhanden sind. Dies wirft insbesondere dort Probleme auf, wo es, wie im Anlagenbau, statt großer Losgrößen und hoher Repetitionsfrequenz nur geringe Stückzahlen in niedriger Repetitionsfrequenz gibt, oder dort, wo wie bei Megaprojekten mit der Losgröße eins keine weitere Wiederholung vorgesehen ist. Aber nicht nur dort gibt es Grenzen. Eine Herausforderung anderer Art erfährt das TQM-Paradigma in der Anwendung auf nicht technisch dominierte Aktivitäten. Der Versuch der Übertragung von TQM auf Managementprozesse ist solch ein Fall.

Die Anwendung von TQM in Projekten und im Management scheitert. Erst mit der Reflexion der Bedingungen der Möglichkeit erfolgreichen TQMs kommen Transfermöglichkeiten in den Blick. Wie das funktionieren könnte und worin die Brüche eigentlich bestehen, ist schon in der eigentlichen Entwicklung von TQM hin zu Six Sigma und Lean angelegt. Dies illustriert sich insbesondere dort, wo in Six Sigma unter der Überschrift „Soft Sigma" ein Sammelbecken eröffnet wird, in dem sich all das wiederfindet, was es an Soft Facts und Soft Skills braucht, um in sozialen Systemen handlungsfähig zu bleiben (Asefeso 2014; Taylor 2008). Der Faktor Mensch taucht wieder auf und wird nachgereicht.

Quality Management wird zur Philosophie. Oder anders formuliert: Total-Quality-Management wird zu einer paradigmatischen Referenz der Qualifizierung einer holistischen Perspektive des gesamten Unternehmens. Seinen Niederschlag findet diese Philosophie in Reifegradmodellen wie EFQM und Baldrige (Brown 2013). Im Kern jedoch bleiben diese Reifegradmodelle hinter dem Erfolg des Total-Quality-Managements zurück, unter anderem weil sie weniger instrumentell ausgestaltet sind. In erster Linie organisieren sie die für das TQM relevanten Selbstbeobachtungs- und Selbstbeschreibungsperspektiven entlang einer Differenzierung zwischen Befähigen und Resultaten. Über eine disparate Zusammenstellung der relevanten Perspektiven kommen sie dabei nicht wirklich hinaus. Augenscheinlich wird dies besonders in dem Moment, in dem Unternehmen ihre Geschäfte in der Form von Projekten organisieren.

3.2   Project Excellence

Der Geburtsfehler des Projektmanagements ist die Fokussierung auf Komplexitätsreduktion. Ausgangspunkt des zeitgenössischen Projektmanagements ist die Bestrebung des Project Management Institutes (PMI), für das Wissen über Projektmanagement einen sogenannten Body of Knowledge zusammenzutragen und diesen im sogenannten Project Management Book of Knowledge (PMBOK) als homogenen Wissensbestand vorzulegen (PMI 2013). Die Idee war es, auf diese Art und Weise Projektmanagement zu kodifizieren, zu standardisieren und als spezifische Managementpraxis zu skalieren. In diesem Streben nach Standardisierungsgewinnen folgt das Projektmanagement dem Muster des TQM. Und genau in gleicher Hinsicht scheitert das so kodifizierte Projektmanagement immer dort, wo sich sein Gegenstand der Komplexitätsreduktion entzieht. Dies gilt insbesondere für den Faktor Mensch.

Wenn man den Abstand nur weit genug wählt, passen die Dinge wieder zusammen. Der Weg vom TQM zu den Projekten führt über die Gesamtunternehmensperspektive von EFQM und Baldridge und wird im Projektmanagement als Gesamtprojektperspektive zum Beispiel im Project Excellence Model der International Project Management Association (IPMA) wiedereingeführt. Abb. 3.1 Das ist in erster Linie pragmatisch. Auch ist praktisch ein Orientierungsgewinn nicht zu

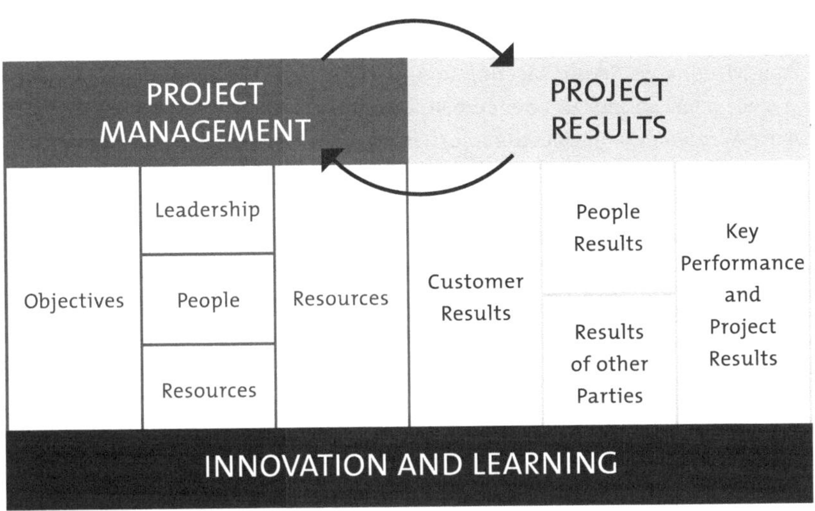

Abb. 3.1   IPMA Project Excellence Model

bestreiten. Das IPMA Project Excellence Model teilt darin aber das Schicksal aller praktisch erfolgreichen Modelle, Methoden und Instrumente. Sie werden als Werkzeuge in einem Werkzeugkoffer gesammelt und kommen immer dann zur Anwendung, wenn sie passen, wenn man sich daran erinnert oder wenn nichts anderes zur Hand ist. Sie organisieren als paradigmatische Referenz Praxis situativ, erlauben aber keine wirkliche generische und letztlich praxeologische Weiterentwicklung.

Die Verbesserung der Praxis kommt aus der Praxis. Aus einer praxeologischen Perspektive wäre der Blick auf die Selbstbeobachtung und Selbstbeschreibung der Praxis als solche zu richten. Folgt man diesem, so bekommt man für das Projektmanagement zwei sich verändernde, streng abgrenzende Ansätze in den Blick. Zum einen ist das das konventionelle, auch als „klassisch" beschriebene Projektmanagement, das sich an den Vorgaben des Project Management Institutes und der IPMA orientiert. Es ist ein komplexitätsreduzierendes Projektmanagement, das die Gesamtkomplexität eines Projekts wasserfallartig in komplexitätsreduzierte Komponenten kaskadiert. Seit den frühen Tagen des kodifizierten Projektmanagements wird an genau dieser Vorgehensweise Kritik geübt (Bredillet 2010). Dabei steht weniger die Komplexitätsreduktion im Vordergrund, als vielmehr die Tendenz des kodifizierten Projektmanagements, das nicht Kodifizierbare auszugrenzen, so zum Beispiel den Faktor Mensch. Um in der Praxis, konfrontiert mit Komplexität, dennoch handlungsfähig zu bleiben, entwickelte sich das agile Projektmanagement (Cohen 2010; Medinilla 2014; Moran 2015) als pragmatischer Gegenentwurf zum konventionell kodifizierten Projektmanagement. Die Idee ist hier, von Reflexionspunkt zu Reflexionspunkt zu schreiten, von Scrum Meeting zu Scrum Meeting und die Intervalle zwischen den Reflexionen in sogenannten Sprints zu beschreiben. Damit ist ein pragmatisch-phänomenologischer Weg eingeschlagen. Komplexität wird als Komplexität nicht beobachtet, sondern nur phänomenologisch wahrgenommen und situativ ein pragmatischer Umgang damit verabredet.

Systemisches Projektmanagement beschreibt die Einheit der Differenz zwischen konventionellem Projektmanagement und agilem Projektmanagement (Klein 2016a; Wysocki 2014b). So formuliert erscheint systemisches Projektmanagement dem aufmerksamen Beobachter als systemtheoretischer Taschenspielertrick in Anlehnung an Niklas Luhmanns viel bemühte Formel der Einheit der Differenz. Abb. 3.2 Das ließe sich jetzt beobachtungstheoretisch mit Spencer-Brown als zweiseitige dreiwertige Logik beschreiben (Spencer-Brown 1969). Der Praxis wäre damit aber nicht gedient. Eine inhaltsreiche praxeologische Bestimmung dessen, was systemisches Projektmanagement sein könnte, steht noch aus. In dem Maße, in dem dies jedoch gelingt, ließe sich auch dann wieder eine komplexitätsfähige Project Excellence beschreiben.

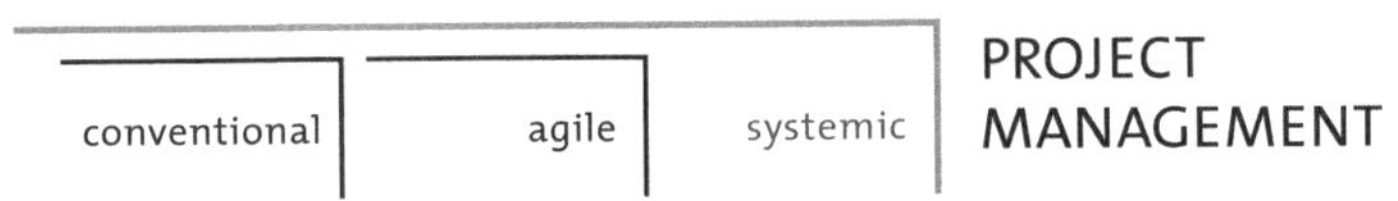

Abb. 3.2 Systemisches Projektmanagement

Nirgendwo lässt sich Praxis so lupenrein beobachten wie auf einer Baustelle. Am Ende erweist sich die Erfolghaftigkeit eines wie auch immer gearteten komplexitätsfähigen Projektmanagements im Sinne einer Project Excellence in der Projektrealisierung. In dieser Hinsicht ist der neuralgische Punkt des Projektmanagements die Baustelle der Megaprojekte. Die Selbstbeschreibung solcher Megaprojekte folgt dem Akronym EPC – Engineering, Procurement, Construction. Erst im dritten Zug, in der Construction, in der Projektrealisierung auf der Baustelle, erweist sich die Excellence des Ingenieurwesens und des Einkaufs (Forbes und Ahmed 2010; Schlouch 2013; Emmett und Crocker 2008). Dort kommt alles zusammen. Bemerkenswerterweise bleibt das Management in der Selbstbeschreibung der EPC-Projekte implizit.

Auf der Baustelle gibt es technische Herausforderungen und soziale Herausforderungen. Wir sind dabei zurück bei Noel Tichys TPC-Modell (1983). Gegenwärtig werden zwei Lösungsstrategien verfolgt, um den unterschiedlichen Komplexitäten auf der Baustelle Herr zu werden. Um die technische Komplexität soll sich das Systems Engineering kümmern (Forrester 1968, 1975; Bossel 2007; Jenney et al. 2011; Wasson 2015; Kossiakoff et al. 2011; INCOSE 2015; NASA 2014). Um den Rest kümmert sich das Complex Project Management (Klein 2016a; Klein et al. 2015; Wysocki 2014a, 2014b; Pries und Quigley 2008). Bedauerlich ist nur, dass beides praktisch kaum koppelt. Das Systems Engineering beschreibt eine Koordinationsrolle, die immer wieder weggespart wird, und das Complex Project Management findet bislang, jenseits der Angebote zur individuellen Qualifizierung, keine pragmatischen Wege, komplexe Projektpraxis zu adressieren. Aber genau an dieser Stelle läuft komplexes Projektmanagement in die Falle. Immer dann, wenn qualifiziertere Individuen es richten sollen, weiß der erfahrene Organisationspraktiker, dass die organisationale Konfiguration des Geschäfts, dass Strukturen und Prozesse im Argen liegen. Das Wissen der Organisationen steckt in ihren Prozessen. So formuliert es Helmut Willke in seinen Ausführungen zum systemischen Wissensmanagement (Willke et al. 2001). Wenn es dort nicht liegt, müssen es die Menschen ausbaden. Wir sind dann im heroischen Management angelangt.

3.3   Governance Excellence

Total-Quality-Management im Management ist möglich. Das war zumindest die Auffassung der Qualitätsmanager in den 1990er-Jahren. Ein an Profitabilität gerichtetes Qualitätsmanagement lernt, dass der kaufmännische Effekt der kontinuierlichen Verbesserung sich über die Zeit sehr schnell marginalisiert. Wenn sich nun das Qualitätsmanagement auf der Grundlage einer kaufmännischen Logik als ein auf Dauer angelegter betrieblicher Bestandteil legitimieren soll, richtet sich der Blick des Qualitätsmanagers berechtigterweise auch auf Managementprozesse. Dort lägen immense Potenziale, heißt es. Der Schulterschluss der Gemeinkosten-Wert-Analyse ist dann sehr schnell hergestellt. Der Business Case der Anwendung von Total-Quality-Managemet auf Managementprozesse weckt Begehrlichkeiten. Auf eine systematische Umsetzung der Idee warten wir noch heute.

Managementprozesse sind keine Produktionsprozesse. Das klingt trivial und doch ein wenig wie eine Entschuldigung des Managements, sich die TQM-Ansätze vom Leib zu halten. Am Ende scheint es dann aber nur eine Frage der Macht zu sein, dass dem Management dieses Ansinnen gelingt. Allerdings ist das zugleich die Bestätigung des Arguments. Das Management einer Organisation ist immer das Management eines sozialen Systems. Die dominierende Logik ist somit eine soziale, eine politische und kulturelle. Es geht um Macht und Deutungshoheit, nicht um Technik.

Management ist nicht gleich Management. Und nicht erst seit Stafford Beers Viable System Model (Beer 1979, 1982, 1985; Espejo und Harnden 1989) und dem St. Galler Modell integrierten Managements (Bleicher 1991; Rüegg-Stürm 2004) gehört die Dreiteilung des Managements in operatives Management, strategisches Management und normatives Management zum kleinen Einmaleins in der Managementliteratur. Diese Differenzierung ließe sich begrifflich folgendermaßen zuordnen: Dann stünde Management für das operative Management, Entrepreneurship für das strategische Management und Leadership für das normative Management. Abb. 3.3 Der populäre Studienabschluss des Masters of Business Administration wird für seine prominente Ausrichtung auf operatives Management schon seit Langem kritisiert. Entsprechend gibt in der Human Ressource Management-Literatur eine klare Frontstellung zwischen Management auf der einen Seite und Leadership auf der anderen Seite, zwischen dem administrativ-technischen und dem visionär-kulturstiftenden (Klein und Popp 2009). Und da man zu Recht vermutet, dass Manager tendenziell Bürokraten und visionäre Führer tendenziell Träumer sind, wurde in der klassischen Geschäftswelt

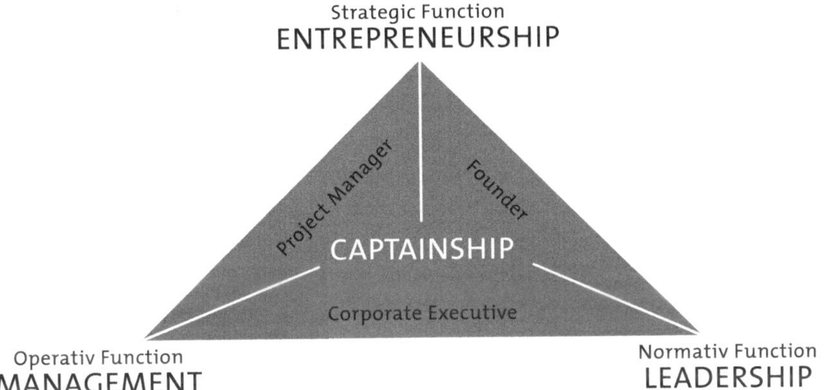

Abb. 3.3 Captainship

die Kombination aus beiden Aspekten als Ideal des Corporate Executives gefordert. Spätestens mit der New Economy und der Gründerwelle des beginnenden 21. Jahrhunderts richtet sich jetzt der Blick auf Entrepreneurship, auf den strategischen Manager, der als Unternehmer im Unternehmen Risiken eingehen und verantworten soll. Abb. 3.3 Mit dem Blick auf Leadership kommen zwei weitere Managementrollen ins Spiel: der Projektmanager, der Operatives und Strategisches zusammenführt und der Gründer, der normative und strategische Perspektiven verkörpert. Das Ideal wäre eine Rolle, die alle drei Managementfunktionen zusammenführt. Das Viable System Model und das St. Galler Modell integrierten Managements weisen darauf hin. Ein praxeologischer Spin und damit praktische Anschlussfähigkeit scheint jedoch bis heute bei beiden Modellen zu fehlen.

Im Sinne der Good Governance und des damit verbundenen Verantwortungsfokus sei an dieser Stelle der Begriff des Captainship und die Rolle des Captains eingeführt. Der Captain ist letztverantwortlich für Schiff und Mannschaft, das Erreichen der Ziele und die sichere Heimkehr. Er ist managerial operativ, strategisch und normativ verantwortlich. Die Rolle des Captains trägt vieles, lässt aber Raum für untergeordnete, spezifische Managementrollen und für die Rolle des Navigators, womit eine gute Position für Beratung markiert ist – aber das ist ein anderes Thema und soll an anderer Stelle unter dem Titel Systemic Consulting noch einmal aufgegriffen werden.

Das Wissen einer Organisation findet sich in ihren Prozessen (Willke et al. 2001). Das legt einen Schulterschluss zwischen systemischem Wissensmanagement und

Ansätzen des Total-Quality-Managements nahe. Unterstellt man Pareto-optimale Standardisierungsgewinne, so ließe sich vermuten, dass sich mit einer Standardisierung von 20 % der Geschäftsvorfälle im Management 80 % des Geschäftsvolumens versorgen ließen. Der verbleibende Rest bietet ausreichend Raum für identitätsstiftende, manageriale Einzelfallentscheidungen. Diese Grundannahme, wie sie beispielsweise dem Process Execution Index zugrunde liegt (Raue und Weiland 2014), erlaubt so etwas wie einen praxeologischen Fortschritt der Organisation auf dem Weg zur Management Excellence und Business Excellence.

Management ist People Management. Es klingt wie eine Binsenweisheit, wenn man konstatiert, dass Führung immer die Führung von Menschen ist. Es geht um die Entwicklung von Menschen und Teams, um klare Ziele, Rollen und Verantwortlichkeiten, um das Management von Stakeholdern innerhalb und außerhalb der Organisation. Praxeologisch betrachtet geht es um die Aktivitäten, um das Operating Model einer erstrebenswerten Managementpraxis. Governance Excellence bedeutet dann in erster Linie, dieser erstrebenswerten Managementpraxis ein organisationales Gefüge zu schaffen, das die prozeduralen, strukturellen und personalen Implikationen so konfiguriert, dass eben jene Praxis stabilisiert und befördert würde.

Good Governance nimmt den Menschen mit. Good Governance balanciert dabei zwischen klugen Rahmengesetzen und sorgsamer Einzelfallbetrachtung. Abb. 3.4 Ganz im Sinne des TQM ist es dabei erforderlich, dass die Prozesse und Strukturen eine wünschenswerte Praxis befördern und stabilisieren. Und es ist erforderlich, dass sich das Management um den Einzelfall kümmert, wobei das Kümmern von Kontrolle bis Fürsorge reicht. Dabei den richtigen Ton zu treffen gilt als eines der besonderen, individuellen Talente der Menschen, die in Organisationen als Führungskräfte tätig sein wollen.

Mit dem Fokus der Good Governance auf die Balance zwischen klugen Rahmengesetzen *(context control)* und sorgsamer Einzelfallbetrachtung *(care)* schwingt bereits eine systemisch-kybernetische Perspektive mit, die sich in der Gesamtschau hin zu einer Systemic Governance weiter kontextualisieren ließe. Dabei ist es sinnvoll, noch einmal unterschiedliche Grade an Umweltwahrnehmung zu unterscheiden. Die sensible Kardinalunterscheidung, in Anlehnung an Helmut Willke, ist die zwischen einer gestaltbaren *(designable environment)* und einer gegebenen Umwelt *(given environment)*. Die Übergänge sind fließend und auch hier gilt die Talentvermutung hinsichtlich der Menschen, die in Organisationen als Manager tätig sein wollen. Systemisch-kybernetische Modelle, Methoden und Instrumente helfen dabei. Wo auch deren Wahrnehmung aufhört, endet die Umwelt, jenseits davon ist nur noch Rauschen *(noise)*. Im Zentrum jedoch ist Good Governance.

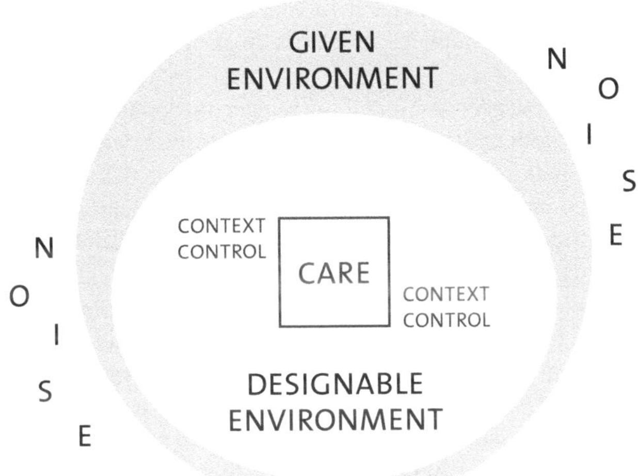

Abb. 3.4 Systemic Governance

3.4 Organisational Excellence

Soziale Systeme sind keine Organismen. Auch Organisationen sind keine Organismen. Organisationen sind soziale Systeme. Organisationen sind das Ergebnis und die Determinante organisationaler Selbstbeobachtungs- und Selbstbeschreibungsaktivitäten. Organisationen sind emergente Entitäten, Ganzheiten, die mehr sind als die Summe ihrer Teile. Hinsichtlich einer Organisational Excellence scheint es daher nahe liegend, diese erst einmal als die Summe aus operationaler und managerialer Excellence zu konzipieren und sich dann auf Emergenz einzulassen. Wenn Produktion, Projekte und Management exzellent sind, dann müsste es doch auch ihre Summe sein. Überzeugende Konzeptionen dazu scheint es aber bislang noch nicht zu geben. Was es gibt, sind Excellence-Modelle, die aus einer Qualitätsmanagementperspektive die Gesamtorganisation in den Blick nehmen, und management-kybernetische Ansätze wie das Viable System Model, die aus einer informationstheoretischen Perspektive die Organisation als Reglungszusammenhang zu fassen trachten. Beide Ansätze erfreuen sich einer gewissen Beliebtheit, werden aber nur selten handlungsleitend ins betriebliche Geschehen von Organisationen integriert. Der Regelfall der Anwendung ist der der Selbst- oder Fremdbewertung, um auf der Grundlage dieser Modelle veränderungs- respektive verbesserungsorientierte Interventionen zu konzipieren. Eine praxeologische Komponente und damit eine betriebliche Anschlussfähigkeit fehlt jedoch beiden Modelltypen.

Organisationale Excellence-Modelle erzeugen in der Praxis eine Paradoxie. Sie zielen auf Integration, Stabilisierung und Homöostase, werden aber vornehmlich eingesetzt, wenn es um Veränderung geht. Und genau dafür, für Veränderung, sind die bekannten organisationalen Exzellence-Modelle nicht wirklich ausgelegt. EFQM und Baldrige fassen organisationale Aufmerksamkeitsfoki zusammen und bleiben die praktische Seite der Koordination der Einzelelemente schuldig. Koordination der unterschiedlichen Foki jenseits der einzelnen Elemente ist explizit nicht vorgesehen. Ganz anders ist es im Viable System Model (Beer 1979, 1982, 1985), in dem operationale und manageriale Systeme ganz explizit über ein Koordinationssystem, das heißt über Koordinationsaktivitäten und Prozesse, miteinander verknüpft sind. Veränderung ist der blinde Fleck der gegenwärtigen Modelle organisationaler Excellence. Anders als soziale Systeme sehen Organismen ihre eigene Transformation nicht vor. Lebende Systeme sind dadurch gekennzeichnet, dass sie ihre eigene Existenz in der Form von Lebendigkeit weitreichend stabil über die Zeit bringen und sterben. Es ist ihnen nicht gegeben, sich zu transformieren oder sich selbst komplett neu zu erfinden.

Der Geburtsfehler organisationaler Excellence-Modelle liegt in der Orientierung am Total-Quality-Management. Die Idee kontinuierlicher Verbesserungsprozesse steht distinktionstheoretisch in Opposition zur Idee der Innovation. Die Verbesserung des bereits Verbesserten führt zu abnehmenden Grenzerträgen. Die Idee der Innovation setzt im Gegensatz darauf, dass Gewinne nicht aus der Verbesserung des Bestehenden zu erzielen seien, sondern dadurch, dass neue Dinge anders getan werden. Ein illustratives Beispiel aus der Wirtschaftsgeschichte ist der Fall von General Electric (GE). Nachdem sich GE in den 1980er- und 1990er-Jahren nach eigener Beschreibung zu einer Six Sigma Company entwickelt hatte, war eine befriedigende Marktposition am Ende nur durch einen Strategiewechsel hin zur Fokussierung auf Innovation zu erhalten. Aus einer systemisch-kybernetischen Perspektive heraus stellt sich allerdings die Frage, ob in der Gegenüberstellung von kontinuierlicher Verbesserung und Innovation tatsächlich eine Präferenz zugunsten der Innovation ausgesprochen werden kann, denn den abnehmenden Grenzerträgen kontinuierlicher Verbesserung stehen beim Umblenden auf Innovation Lernkurvenverluste gegenüber. Eine Balance der beiden Seiten scheint naheliegend und ratsam (Klein und Wong 2012). Doch auch damit ist die Veränderungsfähigkeit als organisationales Vermögen noch nicht hinreichend in die Modelle organisationaler Excellence integriert. Change steht auf einem anderen Blatt.

3.5   **Change Excellence**

Prozessberatung galt lange Zeit als der Goldstandard des Change Managements. Jenseits der Phasenmodelle Lewins (Lewin 1948, 1951; Burnes 2004) oder Kotters 7-schrittigem Modell (1996) gelang es Edgar Schein mit der Idee der Process Consultancy, die Vorstellung von Veränderungsmanagement wieder näher an die betrieblichen Tatsächlichkeiten zu führen (1999, 2004). Eine dominant technische Perspektive, die sich an der 2-Stufigkeit von Modell und Realisierung, von Plan und Durchführung orientiert, scheitert wie alle anderen, aus einer technischen Perspektive formulierten Versuche darin, soziale Systeme zu managen. Soziale Komplexität, Politik und Kultur jedoch sind unausweichlich.

Wir sprechen von Change in der Form von Projekten. Nichts ist so beständig wie der Wandel. Daher sind organisationale Bestrebungen, sich zu verändern, immer damit konfrontiert, dass Veränderung schon stattfindet. Das ist paradox oder rekursiv. Man könnte aus einer systemisch-kybernetischen Perspektive die Situation reformulieren und von einem Change des Change, von einem Wandel des Wandels, sprechen. Das hieße aber zu unterstellen, dass Change, so wie er in betrieblichen Kontexten artikuliert wird, immer schon Change zweiter Ordnung ist. Das ist praktisch wie theoretisch ein wenig verwirrend. Im Kern ist es jedoch ebenso pragmatisch wie klug. Eine Veränderung als Veränderung auszuflaggen ist in erster Linie eine kommunikative Fokussierung. Die betriebliche Aufmerksamkeit wird auf eine besondere, zusätzliche Anstrengung gelenkt und in der Regel in der Form eines Projekts so konfiguriert, dass man allem Weiteren mit den bekannten Modellen, Methoden und Instrumenten des Managements begegnen kann.

Prozessberatung ist im Kern Projektmanagement. Change ist also weder Fisch noch Fleisch, oder beides. Aber das kann man aushalten. Es gibt in einem Projekt Prozesse und es ist möglich, Prozessschritte in der Form von Projekten zu interpunktieren. Solange man sich darauf einigt, dass es hierbei nicht um Ontologie geht, liegt in diesem Changieren zwischen Projekt und Prozess ein sehr praktischer epistemologischer Erkenntnisgewinn. Dies ließe sich dann für die Praxis fruchtbar machen. Die Praxis aber beklagt erst einmal – und zu Recht – das Scheitern von Change-Projekten an sozialer Komplexität.

Erfolgreicher Change ist immer systemischer Change. Auf der Suche nach Change Excellence haben sich in der Praxis drei systemisch-kybernetische Ansätze besonders bewährt: Next Practice, Change Balance und Kontextualisierung.

Next Practice ist nicht Best Practice. Eine Formel des Scheiterns im Change ist die Idee des Best Practice Transfers. Wenn versucht wird, im Rahmen eines Veränderungsprojektes eine spezifische betriebliche bzw. organisationale Praxis, eine sogenannte Best Practice, in der Form einer Blaupause von einem sozialen

System in ein anderes soziales System, von einer Organisation in eine andere Organisation zu transferieren, so scheitert das Vorhaben daran, dass es nicht um Blaupausen geht, die in unterschiedlichen Kontexten von unterschiedlichen Menschen nur noch umzusetzen sind. In Change-Vorhaben geht darum, die soziale Komplexität unterschiedlicher sozialer Systeme neu zu konfigurieren. Das ist alles andere als trivial und entzieht sich nachhaltig einer allein technischen Perspektive. Man ist konfrontiert mit Politik und Kultur, mit Multikausalität und Interdependenz. Allzu oft führt ein Best-Practice-Ansatz dazu, dass man im Rahmen eines Veränderungsprozesses feststellt, dass die angestrebte Praxis mit dem konkreten Menschen in einer konkreten Organisation so nicht zu realisieren ist. Verzweifelt wird dann geschaut, ob sich diese konkreten Menschen in umfangreichen Trainingsmaßnahmen nicht doch noch auf die angestrebte organisationale Praxis einstimmen lassen oder ob es notwendig sein wird, viele dieser konkreten Menschen in einer dieser konkreten Organisationen durch andere, passendere Menschen zu ersetzen.

Die Idee der Next Practice beobachtet Organisationen entlang der Einheit der Differenz von Aktualität und Possibilität. Abb. 3.5 Es ist also zu schauen, welche zukünftigen Praktiken in der Form von Möglichkeiten in einer empirisch beobachtbaren Praxis bereits vorhanden sind. Was sich dabei eröffnet ist ein begehbarer Möglichkeitsraum. Das was in diesem Möglichkeitsraum in dem Sinne empirisch ermittelbarer Possibilität angelegt ist, ist auch erreichbar. Was dort nicht angelegt ist, entzieht sich den Möglichkeiten konkreter Veränderung. Was an dieser Stelle theoretisch zumutungsreich klingt, ist praktisch relativ trivial. Es geht darum den Menschen zu fragen, was sie sich vorstellen können, wie eine erstrebenswerte zukünftige Praxis ausschauen könnte und wie sie zu erreichen wäre. Dieses auch als Systemic Inquiry beschriebene Vorgehen (Klein 2004, 2005; Klein und Weiland 2014) liefert genau das, was die Idee der Next Practice

Abb. 3.5 Next Practice

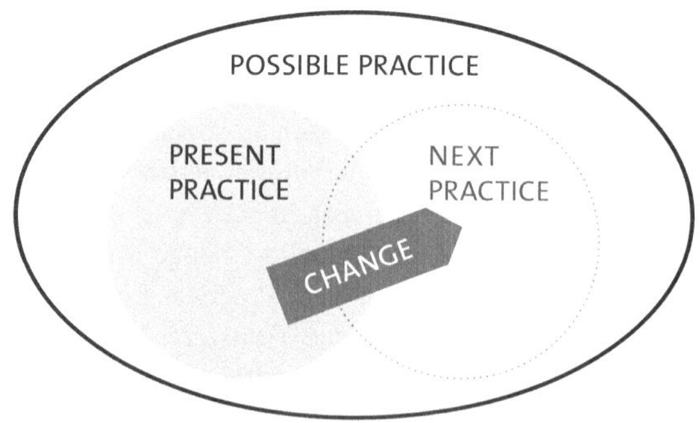

beschreibt, einen leicht realisierbaren Verbesserungsschritt. Natürlich ließe sich einwenden, dass dieser nächste Schritt vielleicht noch nicht das realisiert was hinsichtlich einer organisationalen Viabilität in kompetitiven Märkten erforderlich ist. Es sind aber schon immerhin drei Dinge erreicht. Erstens, ein Schritt in Richtung Verbesserung ist realisiert, und zweitens verändern sich mit einer veränderten Praxis nicht nur die Dinge die empirisch beobachtbar sind, sondern es verändern sich auch die Möglichkeitsräume. Das heißt, in der Iteration des Schrittes entsteht ein Weg. Und drittens, und das ist ein politisches Argument, verspielt die Organisation mit dem ersten gelungenen Schritt die Möglichkeit zu behaupten, es ginge nicht.

Change braucht Balance. Es ist wie im Tai Chi. Abb. 3.6 Es braucht kontinuierliche Verbesserung und es braucht Innovation. Es braucht die integrative Energie des Yin, um über Standardisierung und Kodifizierung die Lernkurvengewinne der kontinuierlichen Verbesserung zu realisieren. Und es braucht die transformative Yang-Energie der Innovation, um immer wieder neue Möglichkeiten zu eröffnen (Klein und Wong 2012). Distinktionstheoretisch betrachtet ist die Traditionelle Chinesische Medizin vor allem ein stetes Bemühen um Balance, um die Einheit von Differenzen. So lässt sich aus einer systemisch-kybernetischen Perspektive in Referenz auf die Tai-Chi-Philosophie des Yin und Yang nicht nur im

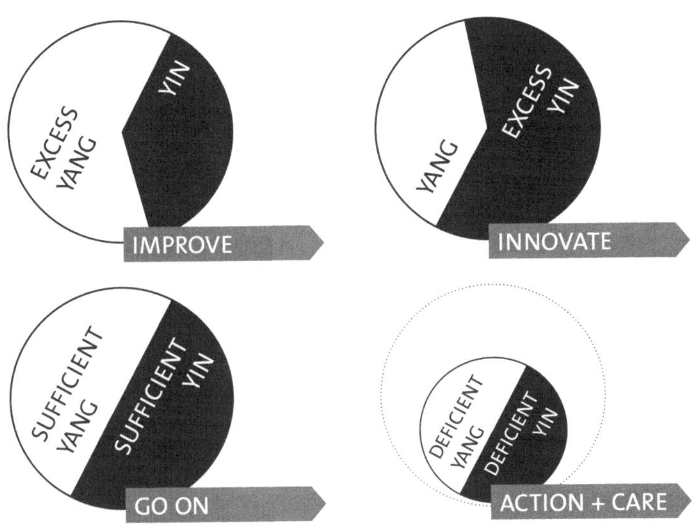

Abb. 3.6 Tai Chi of Change

Hinblick auf eine erste Ordnung eine Balance zwischen Yin und Yang, für den Change zwischen kontinuierlicher Verbesserung und Innovation fordern, sondern es erschiene auf einer Ebene zweiter Ordnung, in Wiederanwendung der initialen Differenzierung, eine Balance zwischen Wandel und Bestand als konsequente, unausweichliche Notwendigkeit. In der Verkürzung der Argumentation ginge es am Ende dann darum, nicht nur für die Balance zwischen kontinuierlicher Verbesserung und Innovation zu sorgen, sondern auch darauf zu achten, dass es ein ausreichendes Maß an Wandel gibt, dass es also nicht ausreicht, ein wenig kontinuierliche Verbesserung und ein wenig Innovation in Balance zu bringen, sondern dass es ein Erfordernis von Nachhaltigkeit und Viabilität ist, dass sich diese Balance auf einem ausreichend hohen Niveau abbildet. Der Volksmund weiß, was das bedeutet. Nichts ist so stetig wie der Wandel, und Stillstand ist Rückschritt.

Die Logik der Kontexte ist stets stärker als die Logik der Intention, wusste schon Josef Stalin. Eine Veränderung betrieblicher Praxis ist immer nur dann nachhaltig, wenn die Implikationen eines erstrebenswerten Operating Models kontextual verfestigt werden. Ein Change, der sich über die Appellebene initiieren lässt, wird sich nur dann als gewinnbringend erweisen, wenn es gelingt, prozedurale, strukturelle und personale Implikationen einer veränderten Praxis in den Institutionen und Regelsystemen der Organisation zu verfestigen und zu integrieren. So ist es beispielsweise müßig, in Organisationen Teamwork zu propagieren, wenn die Belohnungssysteme der Organisation Individualleistungen honorieren. Man bekommt das, wofür man bezahlt. Was nicht in den Zielen steht, wird mit hoher Wahrscheinlichkeit nicht realisiert.

Change Excellence ist integrativ oder zum Scheitern verurteilt. Soll sie gelingen, so kommt man um systemisch-kybernetische Perspektiven nicht herum. Es ist die wiederholte Anleitung zum Ebenenwechsel. Es ist die Verschiebung von der Ontologie zur Epistemologie, von der Beobachtung erster Ordnung zur Beobachtung zweiter Ordnung, von der Tatsächlichkeit zur Möglichkeit. Nicht nur der Erkenntnistheoretiker ahnt es bereits: Die beruhigende Vertrautheit mit einer wissenschaftlich positivistischen Weltsicht erklärt, warum der Apfel nicht weit vom Stamme fällt. Sie hilft zu beobachten, was ist und wird bestenfalls stochastisch, wenn es darum geht zu beschreiben, was sein könnte. Erst im Umblenden auf Epistemologie gelingt es, neue Handlungsspielräume und Gestaltungsoptionen zu öffnen. Wenn sich das jetzt ein wenig unangenehm anfühlt, weiß man, man befindet sich mitten im Change.

Business Excellence revisited 4

Business Excellence ist mehr als die Summe organisationaler Exzellenz und Change Excellence. Business Excellence, so wie sie uns in den zeitgenössischen Managementdiskursen begegnet, ist von der Execution her gedacht. Inspiriert vom Total-Quality-Management geht es im Kern um das Umblenden von Ergebnissen auf Prozesse und damit um eine Annäherung an die Organisation als Regelsystem. Was dabei nicht in den Blick kommt, ist die Organisation als soziales System sowie all jenes, was sich klassisch weder unter Operations noch unter Management fassen lässt. Operational Excellence und mit Abstrichen Project Excellence und Government Excellence lassen sich auf der Grundlage einer Orientierung an der Execution instrumentell und ertragreich fassen. Die Integration dieser Elemente zu einer Organisational Excellence ebenso wie die Hinwendung zu einer Change Excellence entziehen sich dem und lassen das Problem der Integration umso virulenter werden. Aber Integration ist im größeren Rahmen betrachtet nicht das alleinige Problem. Der Business Excellence fehlt vor allem das Business. Es fehlt vor allem das Geschäftsmodell, und es fehlt der Verkauf.

Ein Businessmodell verhandelt Möglichkeiten. Natürlich ist es möglich, dass alle Tätigkeiten, die im Rahmen der Erarbeitung von Businessmodellen anfallen, am Business Case, am Rentabilitätskalkül, ausgerichtet werden. Die Planung von Produkten und Abläufen, die Strategieplanung, die Budgetplanung, die Kalkulation des Business Case und all die anderen Tätigkeiten werden durch die Brille der Execution betrachtet. Natürlich lässt sich ein Tätigkeitsmodell der Geschäftsplanung standardisieren und optimieren, aber im Kern geht es bei der Geschäftsmodellierung um das Verhandeln von Möglichkeiten. Und letztlich geht es dabei um nicht viel weniger als um die Verhandlung des Sinn- und Existenzgrundes der Organisation als sozialem System (Rieckmann 1997). An dieser Stelle, um es philosophisch zu formulieren, transzendiert sich die Organisation selbst. Auch das kann sie dann in einer exzellenten Art und Weise tun, und auch dafür gibt es

© Springer Fachmedien Wiesbaden GmbH 2018
L. Klein, *Business Excellence,* essentials,
https://doi.org/10.1007/978-3-658-19879-4_4

Beispiele, aber es bleibt die Frage offen, wie eine gelingende Integration in das, was wir als Business Excellence beschreiben, aussehen könnte.

Der Verkauf ist der blinde Fleck industrieller Paradigmen. Der Fokus auf Execution entspringt einer industriellen Denkweise. Natürlich lässt sich im Rahmen von Geschäftsprozessstandardisierung auch die Serviceindustrie und generell Serviceprozesse abbilden. Aber wie schon mehrfach betont, wird es immer dann wackelig, wenn dieses industrielle Paradigma mit dem Faktor Mensch konfrontiert ist. Und letztlich geht es in Sales und Verkauf um nichts anderes als um Menschliches und allzu Menschliches (Strauss 2005). Es geht, systemtheoretisch formuliert, um Erwartungen und Erwartungserwartungen, um einen gleichermaßen delikaten wie hochkomplexen Zusammenhang, ein multikausales und interdependentes Wechselspiel (Luhmann 1984). Es ließe sich sicherlich mit einem empirischen Blick auf Tätigkeiten und Aktivitäten, zumindest der infrastrukturelle, organisationale Rahmen des Verkaufs sinnvoll mit einem Fokus auf Execution verbinden. Das eigentliche Verkaufen hingegen, die Tätigkeit als Ereignis, entzieht sich dieser Logik. Hier öffnet sich ein weites Feld für weitere, insbesondere systemische-kybernetischer Forschung.

Emergenz und Integration sind die neuralgischen Punkte nicht nur der Business Excellence, sondern jeglicher sozialer Systeme. Das Ganze ist mehr als die Summe seiner Teile. Was aber ist dann das Ganze? Wie ist es geworden? Wie verändert es sich? Und was hält es zusammen? Was integriert es? Auf der Suche nach Excellence zeigt sich, dass wir jenseits aller technischen Errungenschaften immer wieder zurückgeworfen sind auf den Faktor Mensch. Und dabei geht es, in Anlehnung an die Argumentation Niklas Luhmanns, weniger um das einzelne Individuum als vielmehr um das, was wir mit dem Begriff der sozialen Komplexität zu beschreiben versuchen. Es geht um Politik und Macht. Es geht um Kultur und Deutungshoheit. Da gibt es noch einiges zu forschen, und es ist nicht notwendig, das allein den Soziologen zu überlassen.

Excellence ist eine Qualität. Und ganz im Sinne des Total Quality Managements sind wir gut beraten, wenn wir vom Ergebnis auf Prozesse umblenden, bzw. auf die Aktivitäten und Tätigkeiten, die in ihrem Zusammenspiel das hervorbringen, was wir im Ergebnis als Excellence oder nicht Excellence qualifizieren. Und wir sind eingeladen umzublenden von der Tatsächlichkeit auf die Möglichkeit. In diesem Sinne ist Excellence eine Ausrichtung von Möglichkeiten. In ihrer Realisierung, im Kontext eines steten Wandels, lässt sich lernen, was zu tun bleibt, wenn sich mit jeder Realisierung neue Möglichkeiten eröffnen. In diesem Sinne ist Business Excellence nicht weniger als ein fortlaufendes Erkenntnisprogramm.

Was Sie aus diesem *essential* mitnehmen können

- Der Siegeszug der Excellence gründet sich im Umblenden von gemessenem Ergebnis auf organisationale Prozesse des Wissens und Könnens. Excellence ist immer Praxis, der es um Realisierung geht.
- Excellence ist ein Erkenntnisprogramm. Unter Zielvorgabe der Verbesserung gilt es Tatsächlichkeiten und Möglichkeiten einer gegenwärtigen Praxis zu reflektieren und in eine nächste, bessere Praxis zu überführen.
- Die zentrale Herausforderung von Excellence ist die Integration von Komplexität. Dabei dem Faktor Mensch in der Gestaltung organisationaler Regelungsprozesse gerecht zu werden, wird zum Maß des Reifegrads der Praxis einer Organisation.
- Voraussetzung für Excellence ist Balance. Good Governance balanciert dabei zwischen klugen Rahmengesetzen und sorgsamer Einzelfallbetrachtung im Management und zwischen Innovation und kontinuierlicher Verbesserung im Change.
- Das Meistern sozialer Komplexität ist der kritische Erfolgsfaktor allen Managements. Erst wenn neben der technischen Perspektive politische und kulturelle Aspekte Eingang in manageriale Kalküle finden, ist Excellence möglich.

© Springer Fachmedien Wiesbaden GmbH 2018
L. Klein, *Business Excellence*, essentials,
https://doi.org/10.1007/978-3-658-19879-4

Literatur

Asefeso, A. (2014). *Six sigma service* (2. Aufl.). North Charleston: CreateSpace.

Bayard, P. (2007). *Wie man über Bücher spricht, die man nicht gelesen hat* (L. Künzli, Trans.) (Ed. 2009). München: Goldmann.

Beer, S. (1979). *The heart of enterprise*. Chichester: Wiley. (reprint with corrections, 1988).

Beer, S. (1982). *Brain of the firm* (2. Aufl. 1981). Chichester: Wiley.

Beer, S. (1985). *Diagnosing the system for organizations*. Chichester: Wiley.

Bennett, N., & Lemoine, J. (2014). What VUCA really means for you. *Harvard Business Review, 92*(1/2), 27.

Berger, P. L., & Luckmann, T. (1967). *The social construction of reality: A treatise in the sociology of knowledge*. Garden City, N.Y.: Doubleday.

Bleicher, K. (1991). *Das Konzept Integriertes Management*. Campus: Frankfurt a. M.

Boje, D. M. (2001). *Narrative methods for organizational & communication research*. Thousand Oaks: Sage Publications.

Boje, D. M. (2007). *Storytelling organizations*. Thousand Oaks: Sage Publications.

Bossel, H. (2007). *Systems and models: Complexity, dynamics, evolution, sustainability*. Norderstedt: Books on Demand.

Bourdieu, P. (1972). *Entwurf einer Theorie der Praxis: Auf der ethnologischen Grundlage der kabylischen Gesellschaft*. (B. Schwibs & C. Pialoux, Trans.) (2. Aufl. 2009). Frankfurt a. M.: Suhrkamp.

Bredillet, C. N. (2010). Blowing hot and cold on project management. *Project Management Journal, 41*(3), 4–20.

Brown, M. G. (2013). *Baldrige award winning quality – 18th edition: How to interpret the Baldrige criteria for performance excellence* (18th, revised ed.). London: Productivity Press.

Burnes, B. (2004). Kurt Lewin and the planned approach to change: A re-appraisal. *Journal of Management Studies, 41*(6), 977–1002.

Cohen, G. (2010). *Agile excellence for product managers: A guide to creating winning products with agile development teams*. Cupertino, CA: Super Star Press.

Dalal, A. F. (2011). *The 12 pillars of project excellence: A lean approach to improving project results*. Boca Raton, FL: Productivity Press.

Deming, W. E. (1984). *Some theory of sampling*. New York: Dover Publication.

Deming, W. E. (2012). *The essential deming: Leadership principles from the father of quality*. New York: McGraw-Hill.

© Springer Fachmedien Wiesbaden GmbH 2018
L. Klein, *Business Excellence,* essentials,
https://doi.org/10.1007/978-3-658-19879-4

Duggan, K. J. (2011). *Design for operational excellence: A breakthrough strategy for business growth*. New York: McGraw-Hill.

Edson, M., & Klein, L. (2016). Problem structuring and research design. In M. Edson, P. Henning, & S. Sankaran (Hrsg.), *A guide to systems research: Philosophy, processes and practice*. New York: Springer.

Emmett, S., & Crocker, B. (2008). *Excellence in procurement: How to optimise costs and add value*. Cambridge: Liverpool Academic Press.

Espejo, R., & Harnden, R. (1989). *The viable system model. Interpretations and applications of Stafford Beer's VSM*. Chichester: Wiley.

Foerster, H. von (1985). *Sicht und Einsicht* (1. Aufl. 1999). Heidelberg: Carl-Auer-Systeme Verlag.

Foerster, H. von (2002). *Understanding understanding: Essays on cybernetics and cognition* (Aufl. 2003). New York: Springer.

Forbes, L. H., & Ahmed, S. M. (2010). *Modern construction: Lean project delivery and integrated practices*. Boca Raton, FL: Construction Press.

Forrester, J. W. (1968). *Principles of systems* (Aufl. 1973). Cambridge: Wright-Allen.

Forrester, J. W. (1975). *Collected papers of Jay W. Forrester*. Portland: Productivity Press.

Gorecki, P., & Pautsch, P. (2014). *Praxisbuch Lean Management: Der Weg zur operativen Excellence* (2. Aufl.). München: Carl Hanser.

Han, B.-C. (2005). *Was ist Macht?*. Stuttgart: Reclam.

Hicks Stiehm, J. (2010). *U.S. army war college: Military education in a democracy*. Philadelphia: Temple University Press.

Hodgson, S. H. (1870). *The theory of practice* (Aufl. 2009). Memphis: General Books.

INCOSE. (2015). *INCOSE systems engineering handbook: A guide for system life cycle processes and activities* (4. Aufl.). Hoboken: Wiley.

Jackson, M. C. (2000). *Systems approaches to management*. Boston: Kluwer Academic Publishers.

Jackson, M. C. (2002). *Systems thinking. Creative holism for managers*. Chichester: Wiley.

Jenney, J., Gangl, M., Kwolek, R., Melton, D., Ridenour, N., & Coe, M. (2011). *Modern methods of systems engineering: With an introduction to pattern and model based methods*. North Charleston: CreateSpace.

Jorgensen, K. M., & Largacha-Martinez, C. (2014). *Critical narrative inquiry: Storytelling, sustainability and power*. Hauppauge: Nova Science Publishers Inc.

Klein, L. (2002). *Corporate Consulting: Eine systemische Evaluation interner Beratung* (2., überarb. u. erw. Aufl. 2006). Heidelberg: Carl Auer.

Klein, L. (2004). Systemic Inquiry. Theorie, Methodologie und Praxis. *Der Unternehmensberater, 1*, 22–24.

Klein, L. (2005). Systemic Inquiry - Exploring Organisations. *Kybernetes*: Heinz von Förster – in Memoriam. Part II, 34(3/4), 439–447.

Klein, L. (2009). Organisational Excellence: Die Kompetenz zur Selbst-Innovation. In K. Henning & C. Michulitz (Hrsg.), *Unternehmenskybernetik 2020*. Berlin: Duncker & Humblot.

Klein, L. (2013). *Die Organisation der Personalentwicklung. Entwicklung und Anwendung eines systemisch-kybernetischen Modells*. Heidelberg: Carl Auer.

Klein, L. (2013). Notes on an ecology of paradigms. *Systems Research and Behavioral Science, 30*(6), 773–779.

Klein, L. (2016). Towards a practice of systemic change – Acknowledging social complexity in project management. *Systems Research and Behavioral Science, 33*(5), 651–661. doi:10.1002/sres.2428 .

Klein, L. (2016). Understanding social systems research. In M. Nemiche & M. Essaaidi (Eds.), *Advances in complex societal, environmental and engineered systems*. Cham: Springer.

Klein, L., & Popp, F. (2009). Leadership 21: Unleashing the full potential of leadership. *Zeitschrift Für Politikberatung – ZPB Policy Advice and Political Consulting, 2*(2), 323–334.

Klein, L., & Weiland, C. A. P. (2014). Critical Systemic Inquiry: Ethics, Sustanability and Action. In K. M. Jorgensen & C. Largacha-Martinez (Hrsg.), *Critical narrative inquiry: Storytelling, sustainability and power*. Hauppauge: Nova Science Publishers Inc.

Klein, L., & Wong, T. S. L. (2012). The Yin and Yang of change: Systemic efficacy in change management. In G. P. Prastacos, F. Wang, & K. E. Soderquist (Hrsg.), *Leadership through the classics* (S. 475–486). Berlin: Springer.

Klein, L., Biesenthal, C., & Dehlin, E. (2015). Improvisation in project management: A praxeology. *International Journal of Project Management, 33*(2), 267–277.

Kossiakoff, A., Sweet, W. N., Seymour, S., & Biemer, S. M. (2011). *Systems engineering principles and practice* (2. Aufl.). Hoboken, N. J: Wiley.

Kotter, J. P. (1996). *Leading change*. Cambridge, MA: Harvard Business School Press.

Kuhn, T. S. (1970). *The structure of scientific revolutions*. Chicago: The University of Chicago Press (Erstveröffentlichung 1962).

Langmaier, H. (2010). *Auf dem Weg zu Business Excellence: Von der Zertifizierung zum gesamtheitlichen Qualitätsmanagement – TQM/EFQM. Ein Praxisbeispiel*. Saarbrücken: VDM Verlag Dr. Müller.

Lepore, D., & Cohen, O. (1999). *Deming and Goldratt: The theory of constraints and the system of profound knowledge*. Great Barrington, MA: North River Press.

Lewin, K. (1948). *Resolving social conflicts and field theory in social science* (Aufl. 2010). Washington, DC: American Psychological Association.

Lewin, K. (1951). *Feldtheorie in den Sozialwissenschaften: Ausgewählte theoretische Schriften* (D. Frey, Ed., A. Lang & W. Lohr, Trans.) (2. Aufl. 2012). Bern: Huber.

Luhmann, N. (1984). *Soziale Systeme: Grundriß einer allgemeinen Theorie* (Aufl. 1987). Frankfurt a. M.: Suhrkamp taschenbuch wissenschaft.

Malorny, C. (1998). *TQM umsetzen. Der Weg zur Business Excellence*. Stuttgart: Schäffer-Poeschel.

Mead, G. H. (1934). *Geist, Identität und Gesellschaft - aus der Sicht des Sozialbehaviorismus* (C. W. Morris, Ed., U. Pacher, Trans.) (7. Aufl. 1988). Frankfurt a. M.: Suhrkamp taschenbuch wissenschaft.

Medinilla, Á. (2014). *Agile Kaizen: Managing Continuous Improvement Far Beyond Retrospectives*. New York: Springer.

Mitchell, J. S. (2015). *Operational excellence: Journey to creating sustainable value*. Chichester: Wiley.

Moran, A. (2015). *Managing agile: Strategy, implementation, organisation and people*. New York: Springer.

NASA. (2014). *NASA systems engineering handbook*. North Charleston: CreateSpace.

Neitzel, S., & Welzer, H. (2011). *Soldaten: Protokolle vom Kämpfen, Töten und Sterben.* Frankfurt a. M.: Fischer Taschenbuch.

Oakland, J. S. (2014). *Total quality management and operational excellence: Text with cases* (4. Aufl.). New York: Taylor & Francis.

Pries, K. H., & Quigley, J. M. (2008). *Project management of complex and embedded systems: Ensuring product integrity and program quality.* Boca Raton: Auerbach Pubn.

Project Management, Institute (Hrsg.). (2013). *A guide to the project management body of knowledge* (5. Aufl.). Newtown Square: Project Mgmt Inst.

Pyzdek, T., & Keller, P. (2013). *The Handbook for Quality Management: A Complete Guide to Operational Excellence.* New York: McGraw-Hill.

Raue, S., & Weiland, C. (2014). *Organising for performance.* Berlin: SEgroup White Paper.

Rehbehn, R., & Yurdakul, Z. B. (2005). *Mit Six Sigma zu Business Excellence: Strategien, Methoden, Praxisbeispiele* (2., überarb. u. erw. Aufl.). Erlangen: Publicis Publishing.

Rehm, S.-V., & Fischer, T. (2017). *Kybernetik und Transformation: Regelung und Kommunikation in Organisation und Gesellschaft. Wissenschaftliche Jahrestagung der Gesellschaft für Wirtschafts und Sozialkybernetik am 13. und 14. Oktober 2015 in Vallendar am Rhein.* Berlin: Duncker & Humblot.

Rieckmann, H. (1997). *Managen und Führen am Rande des 3. Jahrtausends: Praktisches, Theoretisches, Bedenkliches* (4. Aufl. 2007). Frankfurt a. M.: Lang.

Rüegg-Stürm, J. (2004). *The new St. Gallen management model. Basic categories of an integrated management.* Basingstoke: Palgrave Macmillan.

Ryan, L. V., Nahser, F. B., & Gasparski, W. W. (Hrsg.). (2002). *Praxiology & pragmatism.* New Brunswick, NJ: Transaction Publishing.

Schatzki, T. R., Knorr Cetina, K., & von Savigny, E. (Hrsg.). (2001). *The practice turn in contemporary theory.* New York: Routledge.

Schein, E. H. (1999). *Prozessberatung für die Organisation der Zukunft: Der Aufbau einer helfenden Beziehung* (I. Bruckmaier, Trans.) (Aufl. 2000). Köln: Edition Humanistische Psychologie – EHP.

Schein, E. H. (2004). *Organizational culture and leadership* (3. Aufl.). San Francisco: Jossey-Bass.

Schlouch, B. L. (2013). *Excellence in construction. A guide to achieving success in your work and in your everyday life.* North Charleston: CreateSpace.

Scott, B. (2009). The role of sociocybernetics in understanding world futures. *Kybernetes, 38*(6), 863–878.

Spencer-Brown, G. (1969). *Laws of Form – Gesetze der Form* (T. Wolf, Trans.) (Aufl. 1997). Lübeck: Bohmeier Verlag.

Strauss, N. (2005). *The game: Penetrating the secret society of pickup artists* (Aufl. 2006). New York: HarperTorch/RegentBooks.

Taylor, G. (2008). *Lean six sigma service: A guide to greenbelt certification and bottom line improvement.* Fort Lauderdale, FL: J Ross Publishing.

Thill, J. V. (2006). *Excellence in business* (3. Aufl.). Upper Saddle River, NJ: Pearson Prentice Hall Computin.

Tichy, N. M. (1983). *Managing strategic change: Technical, political, and cultural dynamics.* New York: Wiley.

Wasson, C. S. (2015). *System engineering analysis, design, and development: Concepts, principles, and practices* (2. Aufl.). Hoboken: Wiley.

Watzlawick, P. (1976). *Wie wirklich ist die Wirklichkeit? Wahn, Täuschung, Verstehen* (16. Aufl.). München: Piper Taschenbuch.

Weick, K. (1995). *Sensemaking in organizations*. Thousand Oaks: Sage Publications.

Willke, H., Gnewekow, D., Hermsen, T., & Köhler, J. (2001). *Systemisches Wissensmanagement* (2. neubearb Aufl.). Stuttgart: UTB.

Wysocki, R. (2014). *Effective complex project management*. Plantation, FL: Roundhouse Publishing Group.

Wysocki, R. K. (2014). *Effective project management: traditional, agile, extreme* (7. Aufl.). Indianapolis, IN: Wiley.

Zink, K. J. (1998). *Total quality management as a holistic management concept: The European model for business excellence*. Berlin: Springer.